DK A Dorling Kindersley Book

Titre original	: Eye Openers
1er volume	: Farm Animals
2e volume	: Zoo Animals
3e volume	: Trucks
4e volume	: Pets
5e volume	: Diggers and Dumpers
6e volume	: Cars
7e volume	: Dinosaurs
8e volume	: Jungle Animals

Traduction d'Agnès Van de Wiele
Édition française © Éditions Nathan
(Paris-France), 1991.
Imprimé en Italie.

Première édition publiée au Canada en 1992 par
Scholastic Canada Ltd., 123, Newkirk Road,
Richmond Hill (Ontario) Canada

**Données de catalogage avant publication
(Canada)**

Royston, Angela
    Sur les chantiers

(À l'école des images)
Traduction de : Diggers and dumpers.
ISBN 0-590-74336-8

1. Excavateurs - Ouvrages pour la jeunesse.
2. Camions à benne - Ouvrages pour la jeunesse.
I. Titre. II. Collection.

TA732.R6814 1992   j629.225   C92-093134-0

Scholastic Canada Ltd., 123, Newkirk Road,
Richmond Hill (Ontario) Canada

Sur les chantiers

Scholastic Canada Ltd.,
123, Newkirk Road, Richmond Hill
(Ontario) Canada

Le bulldozer

Avec sa lame, le bulldozer
repousse la terre et les pierres.
Les chaînes de la chenille
répartissent sur
le sol le poids
du bulldozer et
l'empêchent
de s'enfoncer
dans la boue.

le tuyau
d'échappement

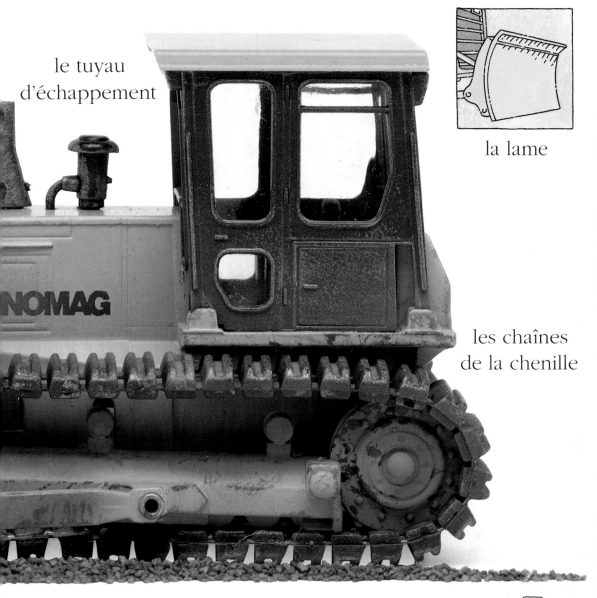

la lame

les chaînes
de la chenille

NOMAG

L'excavatrice

le bras

984

L'excavatrice creuse de grands trous.
Les dents de son godet
ramassent la terre et les gravats.
Puis son long bras articulé
soulève le godet
qui va déverser
sa charge plus loin.

la cabine

le godet

les chaînes
de la chenille

LIEBHERR 984

9

Le camion-benne

Le camion-benne
transporte
des matériaux
sur le chantier.
Il peut rouler sur
un terrain bosselé
sans se renverser.
Sa benne se soulève
pour décharger la terre.

la roue

le pot d'échappement   le volant   les marches

la benne

La pelleteuse

Cette pelleteuse a un godet
à l'arrière et une pelle à l'avant.
Avec son godet, elle creuse
des tranchées pour
y faire passer
des canalisations.
Puis sa pelle
recouvre
les tuyaux
avec
de la terre.
Grâce à ses pieds arrière,
la pelleteuse
reste stable.

la pelle

le garde-boue

le pied

le godet

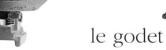

 12

Le camion à benne

Ce camion apporte
sur le chantier
des matériaux en vrac,
comme le sable
ou le gravier.
Pour décharger,
on actionne
de puissants vérins
qui font basculer la benne.
Le hayon s'ouvre en pivotant
et la charge
se déverse en tas.

benne basculante

ATLAS

le hayon

le vérin

15

L'élévateur

Ce véhicule transporte
des briques, du bois
ou des tuyaux.
Il a un bras articulé
qui se termine
en fourche.
Quand le conducteur
actionne les leviers
situés dans la cabine,
les dents de la fourche
glissent sous les lourdes
charges et les soulèvent
au-dessus du sol.

le bras

les dents de la fourche

la cabine

les leviers
de commande

La pelleteuse de tunnel

Cette pelleteuse aide
à percer les tunnels.
Le conducteur est assis
sur le côté. Il peut ainsi
regarder en avant
quand il entre
dans le tunnel,
et en arrière lorsqu'il en sort
pour décharger la terre.
Les phares puissants éclairent sa route.

le vérin

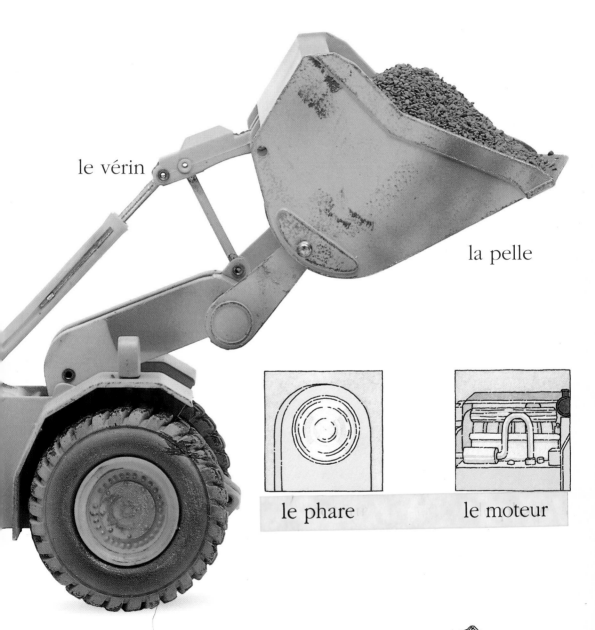

la pelle

le phare

le moteur

19

La benne géante

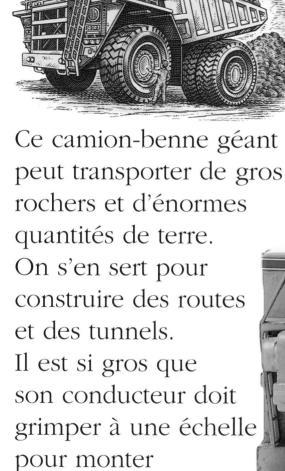

Ce camion-benne géant
peut transporter de gros
rochers et d'énormes
quantités de terre.
On s'en sert pour
construire des routes
et des tunnels.
Il est si gros que
son conducteur doit
grimper à une échelle
pour monter
dans sa cabine

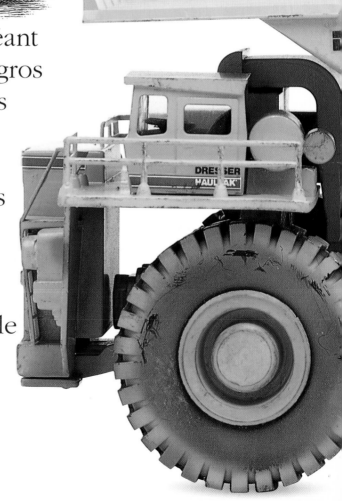

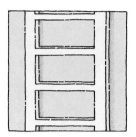

l'échelle

la cabine

la benne

21

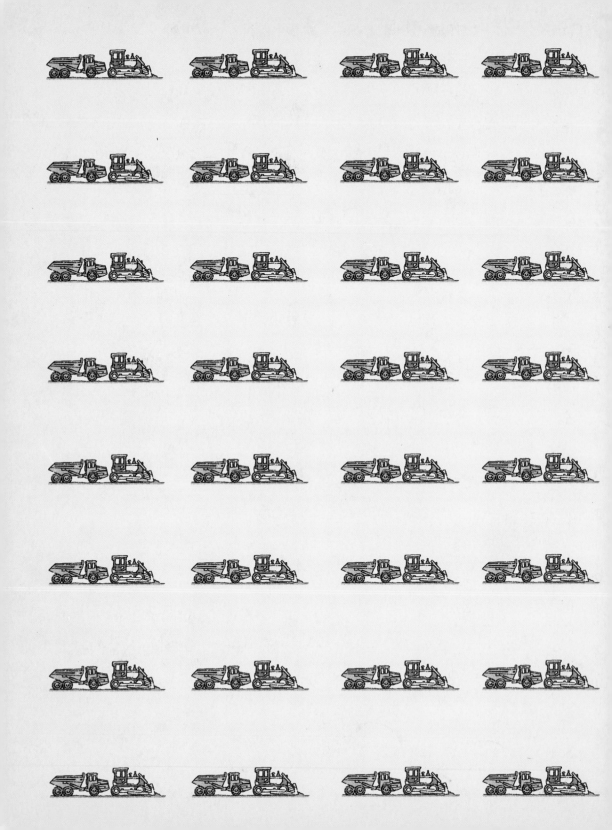